Jacques et le haricot magique

AUZOU

Jacques vivait avec sa maman dans une toute petite maison. Sa mère effectuait de menus travaux de couture, pendant que Jacques s'occupait du jardin potager et de leur unique vache, Doucette. Cette année-là, l'hiver fut très froid, et au printemps, le potager ne donna presque rien.
Un matin, la mère de Jacques lui annonça avec tristesse :
« Nous ne pouvons plus nourrir Doucette. Il faut aller la vendre au marché. »

Comme elle travaillait jusqu'au soir, elle demanda à Jacques d'emmener le pauvre animal. Jacques s'en alla donc, menant Doucette au bout d'une corde. En chemin, il rencontra un vieil homme.
« Où vas-tu avec ta jolie vache ? demanda-t-il à Jacques.
– Je vais la vendre au marché, répondit-il, car maman et moi avons grand besoin d'argent.
– Je te l'achète contre ces graines magiques de haricot, fit le vieil homme. Grâce à elles, ta mère et toi oublierez à jamais tous vos soucis. »

Jacques voulait par-dessus tout faire plaisir à sa maman. Il accepta sur-le-champ.

« Attention ! dit encore le vieil homme. Grâce à ces graines tu pourras découvrir un trésor qui m'a été volé voilà bien longtemps par un géant terrible et vorace. Si tu parviens à le récupérer, il t'appartiendra.

– D'accord », répondit Jacques, content d'avoir fait une affaire.

Lorsque sa maman vit que Jacques rapportait des graines de haricot à la place de l'argent, elle lui arracha le sachet et, désespérée, jeta les graines par la fenêtre.

Le lendemain matin, lorsque Jacques se réveilla, il ouvrit un œil et s'étonna : derrière sa fenêtre, il constata qu'un énorme haricot avait poussé pendant la nuit ! Prenant appui sur le rebord de la fenêtre, il grimpa sur la tige. Bientôt, il traversa les nuages qui se transformèrent en une jolie campagne. Il sauta du haricot et marcha deux bonnes heures, lorsqu'il se retrouva, épuisé, près d'une maison.

Il frappa à la porte. Une servante lui ouvrit.
« J'ai soif, j'ai faim et je suis fatigué, dit-il à la jeune femme, puis-je entrer me reposer ?
– Hélas ! Mon maître est un géant qui a déjà mangé des enfants. Si tu entres ici, tu mourras. »
Jacques faillit se mettre à pleurer. Mais à l'étage, il entendit une voix tonitruante :
« Alors, ce marcassin est-il bientôt prêt ?
– Une minute, Seigneur ! » répondit la servante. Elle attrapa la main de Jacques et ouvrit la porte du garde-manger en le priant de se cacher au fond.

Le géant descendit les marches à grand bruit.
« Ah ! Ça sent la chair fraîche ! Tu as fait entrer quelqu'un !
– Non, Seigneur, dit la servante. C'est certainement l'odeur du marcassin que j'ai préparé.
– Ça m'étonnerait ! » dit le géant.
Et il se mit à chercher dans tous les coins en criant :
« Ça sent la chair fraîche ! »
Dissimulé derrière d'énormes tas de jambons, Jacques tremblait comme une feuille.

« Vite ! À table, Seigneur, dit la servante, cela va être froid. » Elle remplit l'assiette gigantesque de trois gigots, un chevreuil et quatre dindes. Après ce repas, le géant appela sa servante :
« Donne-moi mes sacs de pièces d'or, que je m'amuse un peu avec ! » Elle apporta au géant une grande sacoche de toile. Le géant joua avec les pièces. Il déclara ensuite qu'il avait bien mérité une bonne sieste et se laissa tomber sur la table.

Jacques profita de l'occasion pour se glisser hors de sa cachette. Il s'avança vers la table, et, sans faire de bruit, remit les pièces d'or dans leur grande sacoche et s'en empara. Il se dirigea ensuite vers la porte, mais en passant le seuil, la sacoche heurta la porte, réveillant le géant. Jacques prit ses jambes à son cou et s'enfuit en direction du haricot.

Le géant trébucha sur le seuil de la porte et mit si longtemps à se relever que le jeune garçon put prendre une bonne longueur d'avance. Il arriva le premier au haricot, s'élança, et se laissa glisser jusqu'au sol. Le géant était tellement lourd que lorsqu'il s'accrocha au haricot, la tige plia du côté de la mer. Déséquilibré, le géant tomba, plongea dans l'océan et se noya.